N° d'Éditeur : 10041803 - (I) - (8) CSBT 170
Dépôt légal : janvier 1998
Impression et reliure : Pollina s.a., 85400 Luçon - n° 73854-A
Conforme à la loi n° 49.956 du 16 juillet 1949
sur les publications destinées à la jeunesse.
ISBN : 2.09.202108-7

Le Petit Poucet

Conte de Perrault
Illustré par Charlotte Roederer

NATHAN

Il était une fois un bûcheron et sa femme qui avaient sept enfants, tous des garçons ! Ils étaient si pauvres qu'ils avaient beaucoup de mal à les nourrir, et puis le dernier surtout leur donnait du souci, car il était tout petit et ne parlait jamais. À sa naissance, il n'était pas plus gros qu'un pouce et c'est pour cela qu'on l'avait appelé le Petit Poucet. Cependant, il était très malin, très gentil, et s'il parlait peu, il écoutait beaucoup !

Un soir, alors que les sept frères étaient couchés,
le bûcheron dit à sa femme :
– Il n'y a plus rien à manger depuis des mois !
Si nous ne voulons pas voir nos enfants mourir de
faim devant nos yeux, il faut les perdre dans la forêt !

La femme protesta, s'indigna. Mais à la fin,
elle accepta. Or le Petit Poucet, qui s'était caché
sous le fauteuil de son père, avait tout entendu !

Le lendemain, de bon matin, il alla au bord
du ruisseau et ramassa des cailloux blancs
qu'il fourra dans ses poches.

Puis il rentra à la maison. Les parents emmenèrent
les enfants dans une forêt épaisse et sombre.
Le bûcheron se mit à couper du bois, puis soudain,
alors que les sept frères étaient occupés à travailler,
il s'enfuit avec sa femme.
En se voyant seuls, les enfants se mirent à pleurer.
Mais le Petit Poucet suivit les cailloux blancs qu'il avait
semés sur le chemin et il ramena ses frères chez eux.

Le père et la mère furent très heureux de les revoir, d'autant plus que le seigneur du village leur avait envoyé de l'argent et qu'à présent, ils avaient de quoi nourrir toute la famille. Mais la joie dura tant que l'argent dura.
Bientôt la misère revint, et les parents décidèrent à nouveau de perdre leurs enfants. Ils en parlèrent tout doucement, en chuchotant. Mais cela n'empêcha pas le Petit Poucet de les entendre.
Le lendemain, de bon matin, il se leva pour aller ramasser ses petits cailloux : la porte était fermée. Qu'allait-il faire ?
Il était en train de réfléchir, quand sa mère lui donna un morceau de pain, qu'il fourra dans sa poche.
Il eut une idée ! « Au lieu des petits cailloux, se dit-il, je vais jeter sur le chemin des miettes de pain. »

Les parents entraînèrent les enfants dans l'endroit
le plus obscur de la forêt, puis ils s'enfuirent.
Le Petit Poucet pensait pouvoir retrouver
son chemin, comme la première fois.
Mais les miettes avaient disparu ; les oiseaux
étaient venus, qui avaient tout mangé.

Les enfants se mirent en route, et plus ils marchaient,
plus ils se perdaient. La nuit vint.
Alors le Petit Poucet grimpa en haut d'un arbre
et il vit une petite lueur, qui ressemblait
à une chandelle. En suivant cette lumière, les enfants
arrivèrent devant une maison.

Ils frappèrent à la porte, et une femme vint leur ouvrir.
– Bonjour, madame ! dit le Petit Poucet.
Nous sommes perdus dans la forêt. Pouvez-vous nous prendre chez vous ?
– Oh ! mes pauvres enfants ! Vous ne savez pas où vous êtes : c'est ici la maison d'un ogre qui mange les petits enfants ! Mais enfin, entrez quand même, je vous cacherai jusqu'à demain.

À peine les enfants étaient-ils entrés qu'on frappa de grands coups à la porte. L'ogre était de retour !
Vite ! la femme cacha les sept frères sous le lit et alla ouvrir. Aussitôt l'ogre se mit à table.

– Ça sent la chair fraîche ! dit-il en flairant
à droite et à gauche, puis il alla droit vers le lit
et il tira les sept frères un à un.
Il pointait déjà son grand couteau sur l'un
des enfants, quand sa femme s'approcha et lui dit :
– Que veux-tu faire à l'heure qu'il est ! N'auras-tu
pas assez de temps demain ? Et puis tu as encore
tellement de viande !

L'ogre approuva et la femme conduisit les sept frères
dans une chambre où il y avait deux grands lits :
le premier était occupé par les sept filles de l'ogre,
le deuxième leur était destiné.
En entrant, le Petit Poucet avait remarqué que
les filles de l'ogre portaient toutes une couronne d'or
sur la tête. Cela lui donna une idée.

« L'ogre peut toujours changer d'avis et décider de nous manger » se dit-il. Alors il se leva et prit les bonnets de ses frères qu'il alla tout doucement mettre sur la tête des filles de l'ogre, après leur avoir retiré leurs couronnes.

Il avait eu raison, car à minuit, l'ogre se réveilla. Il monta à tâtons dans la chambre de ses filles et s'approcha du lit où étaient les sept frères. Ils dormaient tous, sauf le Petit Poucet, qui eut bien peur quand l'ogre lui tâta la tête, comme il l'avait fait à ses autres frères.

« Vraiment, se dit l'ogre en ayant senti les couronnes, j'allais me tromper ! » Il alla alors au lit de ses filles et sentit les bonnets. « Ah ! les voilà ! » se dit-il, tout content. Et d'un coup, d'un seul, il coupa la gorge de ses sept filles, puis il retourna se coucher. Dès que le Petit Poucet entendit l'ogre ronfler, il réveilla ses frères, et, sans un mot, sans un bruit, ils quittèrent la maison et s'enfuirent dans la nuit. Le lendemain matin, lorsque l'ogre découvrit ses sept filles mortes dans leur lit, il hurla :

– Oh ! mais qu'ai-je fait ? puis il ajouta : Femme, donne-moi mes bottes de sept lieues, je vais rattraper ces sept drôles.

Et il partit, ainsi chaussé.

Les sept frères étaient tout près de chez leur père, quand ils aperçurent l'ogre qui sautait de montagne en montagne et traversait les fleuves aussi facilement que des ruisseaux. Alors ils se cachèrent sous un rocher creux et l'ogre, qui voulait se reposer, s'allongea par hasard contre le même rocher, et s'endormit.
Le Petit Poucet dit à ses frères d'aller retrouver leurs parents, puis, une fois seul, il s'approcha de l'ogre, et doucement, tout doucement, il lui enleva ses bottes et les mit à ses pieds.

Et comme elles étaient magiques, les grandes bottes de l'ogre s'adaptèrent parfaitement aux petits pieds du Petit Poucet.

Ainsi chaussé des bottes de sept lieues, il se présenta devant le roi, qui l'engagea comme messager.
En exerçant ce métier, le Petit Poucet gagna beaucoup d'argent.
Un jour, il se dit que sa fortune était faite et qu'il était temps pour lui de retrouver sa famille.
Son père, sa mère et ses six frères furent très heureux de le revoir, et grâce à lui, qui était si petit, ils purent vivre sans soucis tout le reste de leur vie.

Regarde bien ces objets et ces animaux.
Ils apparaissent tous quelque part dans le livre.
Amuse-toi à les retrouver !